BEI GRIN MACHT SICH IHR WISSEN BEZAHLT

- Wir veröffentlichen Ihre Hausarbeit, Bachelor- und Masterarbeit

- Ihr eigenes eBook und Buch - weltweit in allen wichtigen Shops

- Verdienen Sie an jedem Verkauf

Jetzt bei www.GRIN.com hochladen und kostenlos publizieren

Bibliografische Information der Deutschen Nationalbibliothek:

Die Deutsche Bibliothek verzeichnet diese Publikation in der Deutschen Nationalbibliografie; detaillierte bibliografische Daten sind im Internet über http://dnb.d-nb.de/ abrufbar.

Dieses Werk sowie alle darin enthaltenen einzelnen Beiträge und Abbildungen sind urheberrechtlich geschützt. Jede Verwertung, die nicht ausdrücklich vom Urheberrechtsschutz zugelassen ist, bedarf der vorherigen Zustimmung des Verlages. Das gilt insbesondere für Vervielfältigungen, Bearbeitungen, Übersetzungen, Mikroverfilmungen, Auswertungen durch Datenbanken und für die Einspeicherung und Verarbeitung in elektronische Systeme. Alle Rechte, auch die des auszugsweisen Nachdrucks, der fotomechanischen Wiedergabe (einschließlich Mikrokopie) sowie der Auswertung durch Datenbanken oder ähnliche Einrichtungen, vorbehalten.

Impressum:

Copyright © 2017 GRIN Verlag
Druck und Bindung: Books on Demand GmbH, Norderstedt Germany
ISBN: 9783668732704

Dieses Buch bei GRIN:

https://www.grin.com/document/429517

Anonym

Der Kopftuchstreit. Eignungsmangel für Beamtinnen?

GRIN Verlag

GRIN - Your knowledge has value

Der GRIN Verlag publiziert seit 1998 wissenschaftliche Arbeiten von Studenten, Hochschullehrern und anderen Akademikern als eBook und gedrucktes Buch. Die Verlagswebsite www.grin.com ist die ideale Plattform zur Veröffentlichung von Hausarbeiten, Abschlussarbeiten, wissenschaftlichen Aufsätzen, Dissertationen und Fachbüchern.

Besuchen Sie uns im Internet:

http://www.grin.com/

http://www.facebook.com/grincom

http://www.twitter.com/grin_com

Inhaltsverzeichnis

Inhaltsverzeichnis 2
1. Einleitung 3
2. Das Kopftuch 3
   a) Historie 3
   b) Einordnung im Koran 4
3. Der Kopftuchstreit 5
   a) Die Entstehung und Lage in Deutschland 5
   b) Fallbeispiel „Fereshta Ludin" 6
   c) Pro – Contra 7
4. Schluss 9
5. Literatur 10

1. Einleitung

In einer Gesellschaft, in der freiheitlich – demokratische Ordnung herrscht, sollten Bekleidungsvorschriften keine Probleme darstellen. Die Kleidung jedes Menschen ist individuell. Aus diesem Grund sollten Muslime, die aus Überzeugung und Vorschrift ein Kopftuch tragen wollen, dies gegeben sein. Die Frage ist nun, ob das ebenfalls Lehrkräften erlaubt sein soll, die an deutschen Schulen tätig sind und den deutschen Rechtsstaat repräsentieren. Daher wird bei dieser Arbeit zuerst das Kopftuchgebot im Koran diskutiert, die Entstehung des Kopftuchstreits anhand zweier Fallbeispiele näher gebracht und die Argumente für und gegen das Kopftuchverbot erläutert.

2. Das Kopftuch
a) Historie

Das Kopftuch ist als Kopfbedeckung für islamische Frauen bekannt. Früher war es ebenfalls im christlichen Glauben üblich, Kopftuch zu tragen. In ländlichen Regionen ist das Tragen von Kopftuch noch erhalten geblieben. Das Kopftuch wurde mit dem Islam in Verbindung gebracht, doch viele Menschen sahen darin die Unterdrückung der Frauen. Der eigentliche Ursprung des Kopftuches liegt nicht im Islam. Um 4000 bis 3000 v. Chr. wurde bei den Sumerern das Kopftuch als Kopfbedeckung getragen.[1] Die Nonnen trugen außerhalb Kopftücher, um ihre Anonymität zu bewahren.
Die Assyrer lebten in Mesopotamien und waren ein semitisches Volk. In ihrem Sozialsystem wurden Frauen unterdrückt. Verheiratete Frauen und Witwen mussten eine Kopfbedeckung tragen, die Prostituierten jedoch nicht.[2] Die Tradition des Kopftuches ging über in das Judentum und später in das Christentum. Das Kopftuch zur Zeit Christi wurde von Frauen aus einem höheren sozialen Status getragen und hatte keine religiöse Bedeutung.[3] Zuletzt taucht das Kopftuch im Islam auf. In der Bibel steht, dass Frauen sich zu bedecken haben. Deshalb tragen Nonnen und Ordensschwestern eine Kopfbedeckung.[4]

---

[1] http://de.wikipedia.org/wiki/Sumer [September 2017].
[2] PAPE, Elise (2005), S. 15.
[3] Vgl. ebd.
[4] Vgl. ebd.

b) Einordnung im Koran

Im Islam gibt es keine explizite Forderung, Kopftuch zu tragen. Es gibt insgesamt fünf Suren, die die Thematik der Bedeckung der Frauen anspricht. Es werden zwei Suren vorgestellt: die Sure „Al-Nur" - „Das Licht" (Sure 24, Vers 31) und die Sure „Al-Ahzab" - „Die Verbündeten" (Sure 33, Vers 59).[5] Die Sure „Al-Nur" besagt:

> „Und sprich zu den gläubigen Frauen, daß sie ihre Blicke zu Boden schlagen und ihre Keuschheit wahren und ihren Schmuck nicht zur Schau tragen sollen - bis auf das, was davon sichtbar sein darf, und daß sie ihre Tücher um ihre Kleidungsausschnitte schlagen und ihren Schmuck vor niemand (anderem) enthüllen sollen als vor ihren Gatten oder Vätern oder den Vätern ihrer Gatten oder ihren Söhnen oder den Söhnen ihrer Gatten oder ihren Brüdern oder den Söhnen ihrer Brüder oder Söhnen ihrer Schwestern oder ihren Frauen oder denen, die sie von Rechts wegen besitzen, oder solchen von ihren männlichen Dienern, die keinen Geschlechtstrieb mehr haben, und den Kindern, die der Blöße der Frauen keine Beachtung schenken. Und sie sollen ihre Füße nicht so (auf den Boden) stampfen, daß bekannt wird, was sie von ihrem Schmuck verbergen. Und wendet euch allesamt reumütig Allah zu, o ihr Gläubigen, auf daß ihr erfolgreich sein möget."[6]

Diese Sure behandelt die Bedeckung der Frauen, um so ihre „Keuschheit" und ihre Jungfräulichkeit zu bewahren. Ihren „Schmuck" sollen sie nicht enthüllen, außer vor ihren Ehemännern oder näheren Familienangehörigen. Diese Aufforderung ist zweierlei zu verstehen: Einerseits im Sinne von Gold oder Schmuck und andererseits auch das Dekolleté und Brustbereich, also die weiblichen Reize.

Die Sure „Al-Ahzab" besagt:

> „O Prophet! Sprich zu deinen Frauen und deinen Töchtern und zu den Frauen der Gläubigen, sie sollen ihre Übergewänder reichlich über sich ziehen. So ist es am ehesten gewährleistet, daß sie (dann) erkannt und nicht belästigt werden. Und Allah ist Allverzeihend, Barmherzig."[7]

In dieser Sure geht es darum, dass sich die gläubigen Frauen von den Nichtgläubigen Frauen unterscheiden, indem sie sich bedecken. Die Bedeckung soll die Frauen vor einer Belästigung der Männer schützen. Wenn diese Suren und Verse näher betrachtet werden, stellt man fest, dass es Unklarheiten über die Art und Form der Bedeckung gibt. Im Koran ist die Rede von

---

[5] Suren und ihre Verse: 24:30-31; 24:60; 33:32-33; 33:53; 33:59.
[6] http://islam.de/1391.php [September 2017].
[7] http://islam.de/1382.php [September 2017].

Übergewändern, die zum Beispiel die Brust bedecken sollen und von Kopfbedeckungen, doch eine genaue Erläuterung, wie diese Kopfbedeckung auszusehen hat, ist nicht explizit genannt. Es gibt auch im Ganzen keine Sure, die vorschreibt, dass die Haare bedeckt werden sollen. In manchen islamischen Ländern ist es üblich, dass Frauen ihr Gesicht und ihre Augen bedecken. Im Koran ist ebenfalls nicht die Rede von solch einer Bedeckung.[8] Außerdem ist nicht erklärt, wie ein Kopftuch zu tragen oder zu binden ist.

Mit der Übersetzung der arabischen Suren besteht die Gefahr, dass die Suren anders interpretiert werden. Beispielsweise wird der Begriff „Khumur", der eigentlich als Kopftuch stehen soll, in verschiedenen Koranübersetzungen anders interpretiert. Es werden Begriffe wie „Kopftücher", „Schleier" oder „Schal" verwendet, die darauf hindeuten, dass bei einer Übersetzung auch die eigene Interpretation mithinenbezogen wird.[9] Die Vorschrift, ein Kopftuch tragen zu müssen ist im Hinblick auf die Suren zweifelhaft. Zusammenfassend lässt sich sagen, dass das Kopftuch eine Schutzfunktion der Frau und die Unterscheidung von Nichtgläubigen hatte.[10] Ob es im Islam eine Kopftuchpflicht gibt, ist sehr fraglich. Viele Islamwissenschaftler aus dem 19. Jahrhundert sehen das Tragen von Kopftuch als keine islamische Verpflichtung.[11] Über diese Problematik wird auch heute diskutiert und es gibt Für- und Gegensprecher dieser Verpflichtung.

3. Der Kopftuchstreit
a) Die Entstehung und Lage in Deutschland

Von 7 Millionen Ausländer, die in Deutschland[12] leben, sind ca. 3,2 bis 3,5 Millionen Muslime. Das sind etwa 4% der Bevölkerung. Die christliche Kultur vertritt nicht die Vorstellungen der muslimischen Kultur, weshalb es zu Konflikten kommen kann.[13] Diese Konflikte sind zum Beispiel der Bau von Moscheen, die Ausübung religiöser Rituale und die Befreiung von muslimischen Schülerinnen aus dem Sportunterricht.[14] Das Tragen des Kopftuches ist einer der Hauptursachen für diese Konflikte, denn es war unklar, ob das Tragen des Kopftuchs für Schülerinnen und Studenten zum Ausüben der Religionsfreiheit zählt.

---

[8] PAPE, Elise (2005), S. 16.
[9] http://www.bpb.de/themen/0S0DT8,0,0,Schreibt_der_Koran_das_Kopftuch_vor.html [September 2017].
[10] OESTREICH, Heide (2004): *Der Kopftuch-Streit: Das Abendland und ein Quadratmeter Islam*. Frankfurt a.M.: Brandes & Apsel. S. 16.
[11] Vgl. ebd.
[12] http://www.bamf.de/DE/Infothek/Statistiken/Auslaenderzahlen/auslaenderzahlen-node.html [September 2017].
[13] Vgl. PAPE, Elise (2005), S. 17.
[14] http://www.gesetze-im-internet.de/gg/index.html [September 2017].

b) Fallbeispiel „Fereshta Ludin"

Das bekannte Fallbeispiel ist der Fall Fereshta Ludin. Sie ist eine deutsche Staatsbürgerin und Muslimin afghanischer Herkunft. Sie hat im Jahr 1998 ihr Referendariat abgeschlossen. Während dem Vorbereitungsdienst durfte sie Ihr Kopftuch tragen. Nach erfolgtem 2.Staatsexamen konnte Sie nicht in den Schuldienst eingestellt werden, da sie ein Kopftuch trug.[15] Das Amt der Lehrerin wurde ihr verweigert, da das baden-württembergische Oberschulamt und die damalige Kultusministerin Annette Schavan (CDU) sich dagegen entschieden. Das Kopftuch stellte im Referendariat kein Problem dar, da es ein Teil der Ausbildung war und nicht untersagt werden durfte.[16]
Die Ablehnung wurde damit begründet, dass das Kopftuch kein religiöses, sondern ein politisches Symbol sei und somit den sozialen Frieden der Gesellschaft gefährden würde. Fereshta Ludin klagte gegen dieses Urteil, Ihre Klage wurde aber im Jahre 2000 zurückgewiesen. Im Jahre 2002 wurde sie ebenfalls vom Bundesverwaltungsgericht zurückgewiesen. Am 24. September 2003 ging dieser Fall an das Bundesverfassungsgericht. Dieses sah den Ausschluss von Frau Ludin aus dem Lehramt für unzulässig, da ohne eine besondere Rechtsgrundlage ihr Kopftuch nicht untersagt werden kann.[17] Das Gericht gab jedoch die endgültige Entscheidung den Gesetzgebern der Bundesländer, damit sie in ihren gesetzlichen Regelungen die Aspekte staatliche Verpflichtung zur Neutralität, positive und negative Glaubensfreiheit der Schüler und der Lehrkräfte und zum Schluss das Erziehungsrecht der Eltern beachten.[18] Im Oktober 2003 versammelten sich die Kultusminister aller Bundesländer. Die Entscheidung sah folgendermaßen aus:

---

[15] Mann, Suzanne (2004), S. 1.
[16] Vgl. Karakaşoğlu (2003), S. 62. In: PAPE, Elise (2005), S. 18.
[17] http://www.bpb.de/themen/NNAABC,0,0,Konfliktstoff_Kopftuch.html [September 2017].
[18] http://www.bverfg.de/entscheidungen/rs20030924_2bvr143602.htm [September 2017].

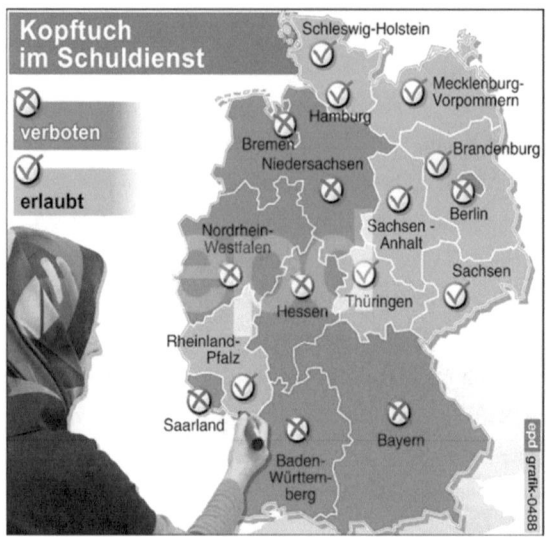

[19]

Aus dieser Abbildung ist ersichtlich, welche Bundesländer sich für und gegen ein Kopftuchverbot entschieden haben. Baden-Württemberg war das erste Land, das sich im April 2004 für ein Kopftuchverbot für Lehrerinnen entschied. Bayern, Saarland und Hessen entschieden sich ebenfalls für ein Kopftuchverbot. In diesen CDU-regierten Ländern wurde das Kreuz nicht verboten. Weitere Bundesländer, die sich für ein Kopftuchverbot entschieden haben sind Nordrhein-Westfalen, Bremen, Niedersachsen und Berlin. Die übrigen Länder waren ausdrücklich gegen ein gesetzliches Kopftuchverbot.

c) Pro – Contra

Aus den vorangegangenen Ausführungen wird ersichtlich, dass es Für- und Gegensprecher des Kopftuchverbotes gibt. Nachfolgend wird die Argumentation der Gegenseiten dargestellt.

Pro Kopftuchverbot

Das religiöse Bekenntnis ist aufgrund der Neutralitätspflicht den Lehrpersonen untersagt. Da das Kopftuch ein Symbol des Islamismus und der Unterdrückung der Frau ist, spricht es aufgrund der Gleichstellung von Mann und Frau gegen das Grundgesetz. Ebenso wird die Neutralitätspflicht des

---

[19] https://koptisch.wordpress.com/2011/03/08/ [September 2017].

Staates verletzt. Dieser besagt, dass religiöse Zeichen möglichst aus den Schulen entfernt werden sollten.[20] Ein aus Zwang kopftuchtragendes Mädchen könnte sich aufgrund des Kopftuches der Lehrerin nicht gegen ihre Familie stellen. Die negative Religionsfreiheit der Schülerinnen spielt hierbei eine Rolle: Sie haben ein Recht darauf, dass Ihr eigener Glaube nicht durch die Offenbarung einer anderen Person eingeschränkt wird.[21] Da Deutschland ein christliches Land ist, sollte das Kopftuch für Lehrerinnen verboten werden. Die Muslime befinden sich nicht in ihrer Heimat und haben sich der christlichen bzw. nicht-muslimischen Mehrheitsgesellschaft anzupassen, die das Kopftuch an Schulen nicht befürwortet. Das Kopftuch ist ein Symbol dafür, dass die Trägerinnen gegen die westlichen Werte abgrenzt. Kopftuchträgerinnen werden als Befürworter einer radikalen Form des Islamismus verstanden.[22]

Contra Kopftuchverbot

Das religiöse Bekenntnis einer Lehrperson ist nicht verboten. Die Neutralitätspflicht ist so zu verstehen, dass alle Religionen gleich behandelt werden sollen. Aus dem Tragen eines Kopftuches ist keine Unterdrückung abzuleiten, da dies eine individuelle Entscheidung ist. Die Beamten sollten nicht nach Ihrem religiösen Bekenntnis eingestellt werden. Die religiöse Beeinflussung der Schülerinnen und Schüler geschieht nicht aufgrund der Bekleidung, sondern durch das Verhalten der Lehrperson.[23] An Schulen mit vielen muslimischen Schülerinnen wäre die Lehrerin ein gutes Vorbild, um sie für eine gute Bildung zu motivieren und zu unterstützen. Die Religionsfreiheit der Schüler und Eltern steht zwar über der Religionsfreiheit der Lehrerin, doch ein Kopftuchverbot würde die Religionsfreiheit der Lehrerin nicht akzeptieren, was gegen das Grundgesetz sprechen würde. Eine kopftuchtragende Lehrperson könnte als Chance genutzt werden, dass die Schülerinnen und Schüler schon im frühen Alter mit verschiedenen Religionen in Kontakt kämen und Toleranz einüben könnten.[24] Falls das Kopftuchverbot durchgesetzt werden sollte, müssten aufgrund des Gleichbehandlungsgesetzes andere religiöse Symbole ebenfalls verboten werden.

Ein Gesetz, welches einer Lehrkraft das Tragen eines Kopftuches verbietet, würde das Gefühl der ungerechten Behandlung stärken. Dadurch würden sich die Lehrkräfte ausgegrenzt fühlen. Dieses Gesetz würde dazu führen, dass sich Vorurteile gegenüber dem Islam und gegenüber kopftuchtragenden Frauen verstärken würde.

---

[20] PAPE, Elise (2005), S. 19.
[21] Vgl. ebd.
[22] Vgl. ebd.
[23] Vgl. ebd.
[24] Vgl. ebd.

4. Schluss

Die eingangs gestellte Frage, ob das Kopftuch ein Eignungsmangel für Beamtinnen darstellt, ist sehr schwer zu beantworten. Dieser Fall kann aus verschiedenen Perspektiven gesehen und bewertet werden. Die Kopftuchgegner beziehen auf das Neutralitätsgesetz. Diese Argumentation ist einerseits nachvollziehbar, denn Beamten repräsentieren den deutschen Staat. Doch andererseits sollte dieses Gesetz für alle Religionen gelten. Es sollte untersucht werden, ob durch eine kopftuchtragende Lehrerin diese Neutralität verletzt wird. Die Zulassung einer kopftuchtragenden Lehrerin würde die Toleranz des Staates hervorheben. Ebenso lernen die Schülerinnen und Schüler, mit verschiedenen Religionen und Kulturen umzugehen. Doch das Kopftuch kann auch eine politische Überzeugung sein. Der Staat hat Sorge zu tragen, dass an Schulen keine verfassungsfeindlichen Ideologien vertreten sein dürfen. Ebenfalls ist nicht belegt, dass eine muslimische Lehrerin andere Werte beibringt als eine Nichtmuslimin. Das Kopftuchverbot widerspricht der Auffassung, alle Religionen gleich zu behandeln. Dabei wird eine Gruppe von Pädagoginnen ausgegrenzt. Die Gesellschaft wird aufgespalten und der Integrationsprozess kann gestört werden. Die Lehrkräfte sollten anfangs auf fundamentalistische Überzeugungen überprüft werden. Auf Grundlage dessen soll entschieden werden, ob eine kopftuchtragende Muslimin zum Lehramt zugelassen wird oder nicht.

5. Literatur

Bücher

MANN, Suzanne (2004): *Das Kopftuch der muslimischen Lehramtsanwärterin als Eignungsmangel im Beamtenrecht*. Frankfurt am Main. Europäischer Verlag der Wissenschaften.

PAPE, Elise (2005): *Das Kopftuch von Frauen der zweiten Einwanderungsgeneration: Ein Vergleich zwischen Frankreich und Deutschland*. Aachen. Shaker Verlag.

OESTREICH, Heide (2004): *Der Kopftuch-Streit: Das Abendland und ein Quadratmeter Islam*. Frankfurt a.M. Brandes & Apsel.

Internetquellen:

- http://www.gesetze-im-internet.de/gg/index.html [September 2017].
- http://www.bpb.de/themen/0S0DT8,0,0,Schreibt_der_Koran_das_Kopftuch_vor.html [September 2017].
- http://de.wikipedia.org/wiki/Sumer [September 2017].
- http://www.bamf.de/DE/Infothek/Statistiken/Auslaenderzahlen/auslaenderzahlen-node.html [September 2017].
- http://islam.de/1391.php [September 2017].
- http://www.bverfg.de/entscheidungen/rs20030924_2bvr143602.htm [September 2017].
- https://koptisch.wordpress.com/2011/03/08/ [September 2017].

BEI GRIN MACHT SICH IHR WISSEN BEZAHLT

- Wir veröffentlichen Ihre Hausarbeit, Bachelor- und Masterarbeit

- Ihr eigenes eBook und Buch - weltweit in allen wichtigen Shops

- Verdienen Sie an jedem Verkauf

Jetzt bei www.GRIN.com hochladen und kostenlos publizieren